Christian Schwießelmann

Geschichte der CDU-Fraktion im Landtag Mecklenburg-Vorpommern

GRIN Verlag

Bibliografische Information der Deutschen Nationalbibliothek:

Die Deutsche Bibliothek verzeichnet diese Publikation in der Deutschen National-
bibliografie; detaillierte bibliografische Daten sind im Internet über http://dnb.d-
nb.de/ abrufbar.

Impressum:

Copyright © 2010 GRIN Verlag GmbH
Druck und Bindung: Books on Demand GmbH, Norderstedt Germany
ISBN: 978-3-656-71677-8

Dieses Buch bei GRIN:

http://www.grin.com/de/e-book/278475/geschichte-der-cdu-fraktion-im-landtag-
mecklenburg-vorpommern

GRIN - Your knowledge has value

Der GRIN Verlag publiziert seit 1998 wissenschaftliche Arbeiten von Studenten, Hochschullehrern und anderen Akademikern als eBook und gedrucktes Buch. Die Verlagswebsite www.grin.com ist die ideale Plattform zur Veröffentlichung von Hausarbeiten, Abschlussarbeiten, wissenschaftlichen Aufsätzen, Dissertationen und Fachbüchern.

Besuchen Sie uns im Internet:

http://www.grin.com/

http://www.facebook.com/grincom

http://www.twitter.com/grin_com

„Deutschland wird nur leben, wenn wir klare und wahrhaftige Demokraten bleiben…" – Zur Geschichte der CDU-Fraktion im Landtag Mecklenburg-Vorpommern

1. Gründerjahre: Die CDU in Mecklenburg-Vorpommern 1945/1946

Als der erste Vorsitzende der CDU-Fraktion Werner Jöhren diese Worte im Schweriner Landtag aussprach, waren die Wunden des Zweiten Weltkriegs noch frisch: Das NS-Regime hatte am 8. Mai 1945 endgültig kapituliert und eine Trümmerlandschaft hinterlassen. Die britischen und amerikanischen Besatzungsarmeen waren aus dem Westen bis zur Elbe vorgedrungen, Ostdeutschland und Berlin hatte die Rote Armee allein erobert. Entsprechend den alliierten Verhandlungsergebnissen auf der Konferenz von Jalta im Februar 1945 wurde das Deutsche Reich in mehrere Besatzungszonen aufgeteilt. Das Land Mecklenburg, das im Westen zunächst die Briten eingenommen hatten, und der östliche Teil der preußischen Provinz Pommern fielen in das sowjetische Einflussgebiet.

Nachdem die sowjetische Besatzungsmacht am 10. Juni 1945 die Bildung „antifaschistischer Parteien" in ihrer Zone erlaubt hatte, formierten sich vier Parteien: KPD und SPD bestanden bereits vor ihrem Verbot 1933 und waren jene beiden maßgeblichen Arbeiterparteien im Parteiensystem der Weimarer Republik, die sich über den Weg zum Sozialismus – revolutionär oder evolutionär – von einander getrennt und zerstritten hatten. CDU und LDPD hatte es vor 1933 nicht gegeben. Die Liberaldemokraten versuchten die schon vor dem Kaiserreich existierende Spaltung des Liberalismus zu überwinden, die Christdemokraten wollten eine überkonfessionelle Brücke zwischen dem politisch organisierten Katholizismus einerseits und dem Protestantismus andererseits schlagen.

Deshalb rief der zentrale Berliner Gründungsaufruf der CDU vom 26. Juni 1945 die „christlichen, demokratischen und sozialen Kräfte" vor dem „Trümmerhaufen sittlicher und materieller Werte" zur Sammlung. Als eine regionale Besonderheit fühlten sich in Mecklenburg und Vorpommern von diesem Aufruf zahlreiche Mitglieder aus der ehemaligen Deutschen Demokratischen Partei angesprochen. Schon vor dem Kriegsende hatten sie sich in Schwerin im privaten Kreis heimlich und illegal versammelt, um sich über die Nachkriegsordnung zu verständigen. Am 5. Juli 1945 gründeten sie die CDU Mecklenburg-Vorpommern als „Unterabteilung" der Berliner Union.

Zum Schweriner Gründungskreis gehörten mit Reinhold Lobedanz, Rudolf Behrens, Martin Karsten, Hans Wittenburg und Werner Pöhls wichtige Funktionsträger des ehemaligen DDP-

Landesverbandes Mecklenburg-Schwerin. Aus ihnen bildete sich ein vorläufiger Orts- und Landesvorstand. Zum Landesvorsitzenden wurde der Ministerialbeamte Reinhold Lobedanz gewählt. Sein Stellvertreter, der Volkswirt Hans Krukenmeyer, stellte als ehemaliges Zentrumsmitglied eher eine Ausnahme in dem liberal-protestantisch dominierten Führungsgremium dar. Der CDU-Landesverband wuchs auf Kosten der liberalen Konkurrenz rasch: Bereits im Dezember 1945 zählte man mit 7.807 Mitgliedern fast viermal so viele Anhänger wie Liberalen, deren Landesverband erst 1946 gegründet werden konnte. Im März 1946 – zum 1. Landesparteitag – hatte sich die Mitgliederzahl der CDU verdoppelt.

In Greifswald spiegelte sich die starke liberale Tradition der nordostdeutschen Union im Streit um den Parteinamen wider. Hier war noch vor dem Berliner Gründungsaufruf am 24. Juni 1945 eine „Demokratische Partei" ins Leben gerufen worden, der sich konservative Rechtsanwälte ebenso anschlossen wie christlich orientierte Hochschullehrer, katholische Theologen, liberale Lehrer und Handwerker. Gerade die Liberalen taten sich mit der Umbenennung der Greifswalder Ortsgruppe im September 1945 schwer. Einige stiegen aus und engagierten sich für die LDPD, die aufgrund des liberal ausgerichteten CDU-Landesverbandes allerdings in Mecklenburg und Vorpommern kaum Fuß fassen konnte. Die Greifswalder CDU verstand sich als Sprachrohr der Union in Vorpommern, half bei Gründung auf dem Lande und in den benachbarten Städten wie Anklam. Es gelang ihr aber nicht, einen eigenständigen vorpommerschen Bezirksverband zu gründeten, weil sich die sowjetische Besatzungsmacht dagegen aussprach.

Die sowjetische Militärverwaltung Mecklenburgs tat alles, um den bürgerlichen Parteiaufbau zu behindern. Sie bevorzugte einseitig die kommunistische Partei, indem sie Fahrzeuge und Büros bereitstellte, während sozial-, christ- und liberaldemokratische Funktionäre nur mühsam zu Fuß aufs Land gelangten. Die bürgerliche Presse unterlag bis 1947 einer sowjetischen Vorzensur. Papierknappheit, Druck- und Lizenzschwierigkeiten verzögerten die Herausgabe eines CDU-Parteiorgans bis in den Dezember 1945. Nachdem die Sowjets im April 1946 mit Druck und Zwang bei der Fusion von KPD und SPD zur Sozialistischen Einheitspartei (SED) nachgeholfen hatte, gerieten die bürgerlichen Parteien vollends ins Hintertreffen. Bei Personalentscheidungen war von Parität keine Rede mehr, alle Schaltstellen im Bereich der inneren Verwaltung, der Polizei und Volksbildung wurden mit SED-Kadern besetzt. Bürgerliche Verwaltungsbeamte waren nur übergangsweise, vor allem wegen ihrer Fachkenntnisse geduldet. Sie wurden nach und nach aus ihren Ämtern vertrieben durch stramme Kommunisten verdrängt.

Besonders deutlich wurden die Benachteiligungen bürgerlicher Parteien im Vorfeld der Kommunal- und Landtagswahlen 1946. Die politischen Offiziere der sowjetischen Kommandanturen schüchterten Mitglieder ein, verlangten Auskünfte über Parteiinterna, verboten willkürlich Veranstaltungen und griffen in die Vorstandswahlen ein. Im Zusammenspiel mit den Bürgermeistern der Einheitspartei verzögerten die sowjetischen Besatzungsbehörden die Ausstellung der Registrierungsbescheinungen, die eine Voraussetzung für die Einreichung von Wahlvorschlägen waren. Infolgedessen konnte die CDU bei den Gemeindewahlen nur in 237 von 2.404 Gemeinden antreten.

Bei den Kreistagswahlen gab es in 6 von 21 Landkreisen keine Unionskandidaten. Von einem fairen Wahlkampf war nichts zu spüren: Die SED überzog das Land mit einer regelrechten Flut an Wahlplakaten und Propagandaveranstaltungen, während Werbematerialien von CDU und LDPD durch geringe Papierzuteilung und Verbote der Kommandaturen künstlich verknappt wurden. Vor den Landtagswahlen polemisierte die SED-Landeszeitung heftig gegen die Union und ihre Kandidaten, die sie u. a. als „Sammelbecken der Reaktion" diskreditierte. Die Einheitssozialisten versuchten, CDU-Kandidaten abzuwerben und die Union auf diese Weise zu schwächen. In einigen prominenten Fällen gelang dies: Der Greifswalder Oberbürgermeister Paul Hoffmann verließ die CDU im Juni 1946 und kandidierte als Parteiloser auf der SED-Liste; der Vizepräsident der Landesverwaltung Otto Möller blieb zwar bis 1948 in der CDU, ließ sich aber von der SED-nahen Vereinigung der gegenseitigen Bauernhilfe nominieren.

Im Vergleich zu den Gemeindewahlen am 15. September 1946 konnten die bürgerlichen Parteien bei den Kreistags- und Landtagswahlen am 20. Oktober 1946 Stimmen hinzugewinnen. Demgegenüber musste die SED Verluste hinnehmen, weil bei den Landtagswahlen überall bürgerliche Konkurrenz zugelassen war. Waren die Einheitssozialisten aufgrund ihrer stärken Organisations- und Personalstrukturen vor allem in den Kleinstgemeinden und Dörfern bis zu 2.000 Einwohnern erfolgreich, so reüssierten die Christdemokraten in den Kleinstädten (bis 10.000 Einwohner). Die LDPD als klassische Stadtpartei besaß ausgeprägte Hochburgen in den Städten Neustrelitz, Parchim und Stralsund. Auffällig war auch, dass die CDU in Vorpommern durchschnittlich mehr Stimmen erzielte als in Mecklenburg.

Tab. 1: Die Kommunal- und Landtagswahlen in Mecklenburg-Vorpommern 1946 in Prozent

Parteien/Organisationen	Gemeindewahlen am 15.9.1946	Kreistagswahlen am 20.10.1946	Landtagswahlen am 20.10.1946
SED	69,6	54,3	49,5
CDU	16,7	30,0	34,1
LDPD	10,5	5,1	12,5
VdgB	1,9	10,6	3,9
Frauenausschüsse	1,3	-	-

Quelle: DER DEMOKRAT, 18.9., 23.10.1946.

2. Gegen den Gleichschritt: Die Landtagsfraktion 1946 bis 1950

Die Parteien in der Sowjetischen Besatzungszone waren von Anfang an im Blockausschuss der antifaschistischen Parteien zwangsorganisiert (deshalb Blockparteien). Dieser Ausschuss, der auf gemeindlicher, kreislicher, Landes- und Zentralebene bestand, war Ausfluss kommunistischer Volksfrontpolitik. Die bürgerlichen Politiker sahen in den Ausschüsse zunächst vorparlamentarische Gremien, die nach demokratischen Wahlen verschwinden würden. Tatsächlich blieben die Ausschüsse bestehen und lenkten wichtige Entscheidungen aufgrund des Einstimmigkeitsprinzips in kommunistische Bahnen. Darüber hinaus behielt sich die sowjetische Besatzungsmacht letztinstanzliche Entscheidungen vor und scheute nicht davor zurück, auf die Zurücknahme unerwünschter Fraktionsanträge zu bestehen. Landesregierungen und -parlamente in der Sowjetischen Besatzungszone erweckten nur den Anschein von Souveränität und demokratischem Pluralismus.

Der Konstituierung des Landtags am 19. November 1946 ging die Einberufung beratender Versammlungen voraus, die allerdings nur eine kurze geschichtliche Episode darstellten. Dem neuen Landtag Mecklenburg-Vorpommern gehörten vier Fraktionen an, wobei SED und die Vereinigung der gegenseitigen Bauernhilfe über eine absolute Mehrheit der Mandate verfügten. Dennoch war die CDU im Landtag so stark wie in keinem anderen der Länder und Provinzen der Sowjetischen Besatzungszone, hatte sie doch in Mecklenburg-Vorpommern ihr bestes Wahlergebnis erzielt. Aufgrund der großen Wählerkonkurrenz im bürgerlichen Lager war die LDP indessen nirgendwo schwächer als hier.

Tab. 2: Mehrheitsverhältnisse im Landtag Mecklenburg-Vorpommern 1946

Fraktionen	Mandate	Ausschussvorsitzende	Landtagspräsidium
SED	45	7	3
CDU	31	4	2
LDPD	11	1	1
VdgB	3	0	1
Gesamt	90	12	7

Quelle: LANDTAG 1947.

Die CDU-Fraktion formierte sich im Zusammenhang mit der Konstituierung des Landtags und wählte den Verlagsbuchhändler Werner Jöhren zu ihrem Vorsitzenden. Jöhren war ursprünglich Architekt und vor 1933 politisch in der Deutschen Staatspartei – die Nachfolgepartei der DDP – beheimatet. Später hatte er in Berlin den Ost-West-Verlag gegründet und war nach der Ausbombung Berlins nach Usedom übergesiedelt. Dort baute Jöhren eine starke CDU-Parteiorganisation aus, erreichte bei den Kreistagswahlen mit 51,4 Prozent die absolute Mehrheit und war fortan Landrat der Insel. Zum 1. Stellvertreter Jöhrens wählte die Landtagsfraktion den Pharmaziefabrikanten Siegfried Witte, nach dessen Wahl zum Wirtschaftsminister trat der Landwirt Ernst Kosegarten an seine Stelle. 2. Stellvertreter wurde der Ministerialrat Karl Heinz Kaltenborn.

Tab. 3: Abgeordnete der CDU-Landtagsfraktion Mecklenburg-Vorpommern 1946

Nr.	Name	Ort	Beruf	Partei vor 1933
1	Dr. Reinhold Lobedanz	Schwerin	Jurist	DDP
2	Joseph Küchler	Rostock	Schlossermeister	SPD/Zentrum
3	Dr. Ilse Schmidt	Schwerin	Juristin	DStP
4	Herbert Freitag	Dassow	Landwirt	-
5	Wilfried Parge	Schwerin	Journalist	-
6	Werner Jöhren	Heringsdorf	Architekt	DDP/DStP
7	Johannes Knorr	Rostock	Kaufmann	DDP/DStP
8	Dr. Siegfried Witte	Rostock	Dipl.-Kaufmann	DDP
9	Dr. Annemarie v. Harlem	Rostock	Lehrerin	-
10	Eugen Jacobs	Schwerin	Tapeziermeister	FVP/DDP
11	Dr. Willy Ruthenberg	Wismar	Lehrer	DDP
12	Walter Kolberg	Wolgast	Bäckermeister	-
13	Paul Reichert	Dömitz	Kaufmann	DDP/DStP
14	Dr. Karl Heinz Kaltenborn	Schwerin	Jurist	-
15	Kurt Herzog	Schwerin	Kaufmann	-
16	Ernst Greese	Frauenhorst	Dipl.-Landwirt	-
17	Adalbert Schreiber	Güstrow	Baumeister	DDP
18	Karl Schwarz	Neubrandenburg	Volksschullehrer	DDP
19	Karl Koch	Schönberg	Jurist	-
20	Adolf Knipper	Teterow	Drogist	-
21	Herbert Kaphengst	Schwerin	Friseur	-
22	Rudolf Neubeck	Schwerin	Jurist	DDP
23	Margarete Müller	Zinnowitz	Sekretärin	SPD

24	Adolf Lüben	Grevesmühlen	Volksschullehrer	DDP
25	Franz Fischer	Schönberg	Schlossermeister	-
26	Otto Karsten	Zarrentin	Kaufmann, Prediger	-
27	Gustav Röseler	Grimmen	Dipl.-Ingenieur	FVP
28	Gerhard Lenski	Anklam	Kaufmann	-
29	Rudolf Haaker	Neubukow	Schmiedemeister	-
30	Ernst Kosegarten	Wiendorf	Landwirt	-
31	Walter Müller	Grabow	Bauleiter	-

Quelle: SCHWABE 1996.

Während der CDU-Landesvorstand um Reinhold Lobedanz gegenüber der sowjetischen Besatzungsmacht und den Funktionären der SED-Landesleitung eher kompromissbereit auftrat, entwickelte sich die Landtagsfraktion schnell zum oppositionellen Zentrum gegen die totalitären Anmaßungen der Einheitspartei. Allerdings war die Widerstandskraft der Fraktion durch die Absprachen im Landesblockausschuss, die Interventionen der Besatzungsmacht und die Einbindung der Union in eine – damals auch in westlichen Landesparlamenten übliche – Allparteienregierung von Vorneherein enge Grenzen gesetzt.

Bei der Verabschiedung der Landesverfassung 1947 kämpften die Christdemokraten vor allem für die Garantie der Religionsfreiheit und Institutionen des Verfassungsschutzes. Auf den SED-Verfassungsentwurf regierte die Union mit einem Gegenentwurf des Berliner Parteijuristen Helmut Brandt, der die Verwässerung der Gewaltenteilung, den unzureichenden Verfassungsschutz, die Gefährdung der zivilen Rechtssicherheit und verschiedene Einzelbestimmungen kritisierte. Sie konnte jedoch gegen die kirchenfeindliche SED keine umfassende Garantie der Religionsfreiheit in der Landesverfassung (z. B. staatliches Einmischungsverbot, Nutzung der Schulräume für den Religionsunterricht) durchsetzen. Trotz gemeinsamer Kooperation mit den Liberaldemokraten gelang es den Christdemokraten nicht, die Verfassung durch eine besondere Gerichtsbarkeit, einen Landesverfassungsrat oder einen Verfassungsprüfungsausschuss zu schützen.

Die bürgerlichen Parteien solidarisierten sich im Landtag gegen die Ideologisierung der Schulen und Hochschulen im Lande. Vergeblich versuchten Christ- und Liberaldemokraten das Leistungsprinzip bei der Zulassung zu einem Universitätsstudium zu verteidigen, das die SED mit dem Hinweis auf die Benachteiligung der Arbeiter- und Bauernkinder unterminierte. Allenfalls Teilerfolge in gewissen Einzelfällen erzielte die CDU-Landtagsfraktion beim Schutz von Privateigentümern vor unrechtmäßiger Enteignung. Die SED hatte auf Grundlage der Direktive Nr. 24 des alliierten Kontrolrates Unternehmer enteignet, die der NSDAP angehörten oder nahe standen. Unter dem Deckmantel der Entnazifizierung suchte der Innenminister Johannes Warnke (SED/KPD) – zugleich Vorsitzender der

Landesentnazifizierungskommission – weitere kleine und mittelständische Unternehmen in Staatseigentum zu überführen.

Das Wirtschaftsministerium Siegfried Wittes hielt dagegen. Witte, der aus einer liberalen Rostocker Fabrikantenfamilie stammte, machte sich dabei den juristischen Sachverstand seines Abteilungsleiters Karl Heinz Kaltenborn zunutze und wies auf Widersprüche zwischen der Entnazifizierungspraxis im Lande und den alliierten Vorgaben hin. Allerdings fehlten CDU und LDPD parlamentarische Mehrheiten, um tatsächliches Enteignungsunrecht zu verhindern. Sie mussten mit ansehen, wie alle Kinobesitzer – ob nun NSDAP-Mitglied oder nicht – enteignet wurden. Warnke gelang es sogar, den missliebigen Wirtschaftsjuristen Kaltenborn 1948 unter dem Vorwand von Personaleinsparungen aus der Landesverwaltung zu entfernen.

Die Regierungsbeteiligung führte die CDU-Fraktion manches Mal in ein Entscheidungsdilemma: So war es der Ministerialdirektor Wilhelm Heinrich, Leiter der Justizabteilung und CDU-Mitglied, der in den Landtag ein Gesetz einbrachte, das die Volksrichter den akademisch gebildeten und staatlich examinierten Richtern gleichstellte. Die Christdemokraten opponierten gemeinsam mit den Liberalen zwar heftig gegen die Politisierung des Justizwesens nach sowjetischem Vorbild, hatten aber keine Änderungschance. Ihr Einsatz für mehr Rechtssicherheit basierte auf einer bürgerlichen Vorstellung von Rechtsstaatlichkeit, die gerade die Einheitspartei nicht teilte.

Staatliche Zentralisierungsmaßnahmen, aber auch die Missachtung der wichtiger parlamentarischer Rechte schränkten die politische Tätigkeit der Landtagsfraktion seit 1948 zusehends ein. Mehrfach verstießen deutsche und sowjetische Polizeibehörden gegen die politische Immunität, die der einzelne Abgeordnete vor Strafverfolgungsmaßnahmen aufgrund seines Amtes genoss. Beispielsweise wurde Otto Karsten zwei Tage vor der Landtagswahl im Oktober 1946 von der deutschen Kriminalpolizei wegen angeblicher Unterschlagung als Geschäftsführer der Molkereigenossenschaft Zarrentin verhaftet. Tatsächlich warf ihm die sowjetische Geheimpolizei antisowjetische Propaganda und Hetze gegen die SED vor. Obwohl sich die Vorwürfe sehr bald als haltlos erwiesen, blieb Karsten – mittlerweile gewählter Volksvertreter – bis zum 23. Dezember 1946 in Haft.

Die Sowjets waren es auch, die den Fraktionsvorsitzenden Werner Jöhren nach der Absetzung des CDU-Zonenverbandsvorsitzenden Jakob Kaiser Ende 1947/Anfang 1948 zum Rücktritt zwangen. Landrat Jöhren, der treuer Anhänger Kaisers war, wurde bei der entscheidenden Abstimmung im Landesvorstand vom sowjetischen Kommandanten das Verlassen der Insel Usedom untersagt. Nach einer öffentlichen Kampagne der SED gegen den CDU-Landrat entzog ihm die Besatzungsmacht das Vertrauen. Aller Handlungsmöglichkeiten als Landes- und Kommunalpolitiker beraubt, gab er seine politischen Ämter ab und siedelte nach West-Berlin über. Deutsche und sowjetische Geheimpolizisten durchsuchten Ende April 1948 sein Haus auf Usedom. Trotzdem ahndete der SED-Landtagspräsident Carl Moltmann diesen Verstoß gegen die Immunität nicht, sondern legte Jöhren die Rückgabe des Landtagsmandats nahe. Im Hintergrund versuchte der Landesvorstand den Dömitzer Leiter des Binnenschifffahrtsamtes Paul Reichert auf dem Fraktionsvorsitz zu installieren. Die Fraktion wählte stattdessen den Diplom-Ingenieur Gustav Röseler zum Nachfolger Jöhrens.

Die Einengung parlamentarischer Tätigkeit zeigte sich nicht nur in der Beschneidung von Individualrechten der Abgeordneten. Im Zeitraum von Dezember 1946 bis März 1948 erzwang die sowjetische Besatzungsmacht insgesamt die Zurücknahme eines Viertels (10 von 40) aller Anfragen, Anträge und Änderungsanträge der CDU-Fraktion. Die kommunistisch durchsetzenden Landesbehörden verweigerten sich partiell parlamentarischer Auskunftsbegehren und verschleppten Antworten auf Anfragen. Auf diese Weise blockierten sie die parlamentarische Kontrollfunktion des Landtags, die für eine funktionierende Demokratie von großer Bedeutung ist. Ungeachtet dessen war ein eigener Gestaltungswille und ein gewisser Oppositionsgeist der CDU-LDPD-Minorität im Schweriner Landtag unverkennbar: Von den 109 Gesetzesvorlagen in den ersten zwei Jahren der Wahlperiode hatten Christ- oder Liberaldemokraten in 47 Fällen widersprochen.

3. Im Gleichschritt: Die Gleichschaltung der Landtagsfraktion 1950

Seit 1948 musste sich die CDU des Landes zahlreiche Brüskierungen durch die SED gefallen lassen. Der Landwirtschaftsminister Otto Möller – zugleich CDU-Mitglied – wurde vom Februar im VdgB-Organ „Der Freie Bauer" als Saboteur am Wiederaufbau der Landwirtschaft verleumdet. Die SED wollte damit die rückläufige landwirtschaftliche Produktion infolge der Bodenreform mit ihren kleinteiligen Neubauernwirtschaften einem bürgerlichen Politiker anlasten. Der Landwirtschaftsexperte Möller nahm seinen Hut, ließ sich von der Einheitspartei aber mit einem Lehrstuhl an der Landwirtschaftlichen Fakultät der Universität Rostock entschädigen. Sein Nachfolger wurde der spätere Ministerpräsident und langjährige 1. Sekretär der SED-Bezirksleitung Schwerin Bernhard Quandt.

Um die bürgerlichen Parteien weiter zu schwächen, initiierte die sowjetische Besatzungsmacht die Gründung neuer Parteien. Die DBD sollte vor allem der CDU auf dem

Lande das bäuerliche Wählerpotenzial streitig machen, wohingegen die NDPD auf national gesinnte bürgerliche Kräfte, ehemalige Wehrmachtsangehörige und NSDAP-Mitglieder zielte. In die Vorstände dieser Parteien wurden verlässliche Altkommunisten wie Ernst Goldenbaum und Jonny Löhr delegiert, die sich in der KPD/SED-Landesleitung Mecklenburg bewährt hatten. Nach und nach bemühten sich DBD und NDPD um Sitz und Stimme in den Blockausschüssen der antifaschistischen Parteien, in denen CDU und LDPD nun auch die zahlenmäßige Marginalisierung drohte.

Schließlich nahm die Besatzungsmacht den nachholenden Organisationsaufbau beider bürgerlicher Konkurrenzparteien zum Vorwand, um die 1948 anstehenden Kommunalwahlen um ein Jahr zu verschieben. Kommunal- und Landtagswahlen sollten nun im Herbst 1949 gleichzeitig stattfinden. Christ- und Liberaldemokraten im mecklenburgischen Landtag pochten auf Abhaltung der Wahlen. Ein diesbezüglicher Antrag der CDU-Fraktion Ende August 1949 und deutliche Worte ihres Vorsitzenden Röseler im September 1949 in Richtung des SED-Landtagspräsidenten Carl Moltmann verhallten ungehört. Das SED-Politbüro hatte bereits über eine weitere Verschiebung der Wahlen entschieden. Die Zustimmung der bürgerlichen Parteien zur Gründung der DDR erkaufte sich das SED-Regime, indem sie die Abhaltung baldiger demokratischen Wahlen in Aussicht stellte. Anders als die CDU in der SBZ unter ihrem neuen Vorsitzenden Otto Nuschke dachte die Einheitspartei dabei aber an Wahlen mit einer gemeinsamen Liste für alle Parteien (Einheitsliste), die sie bereits im Mai bei der Wahlen zum 3. Deutschen Volkskongress im Mai 1949 erprobt hatte.

Nach den Demütigungen der bürgerlichen Parteien in den Jahren 1948 und 1949, zu denen auch die Anerkennung der bestehenden Ostgrenze zu Polen gehörte, blies die SED zur Jahreswende 1949/1950 zum „Generalangriff" auf die politische Unabhängigkeit von CDU und LDPD. Das Politbüro der SED hatte den Kampf gegen die „reaktionären Elemente" beschlossen. Im CDU-Landesverband war das erste prominente Opfer der Wirtschaftsminister Siegfried Witte, der für ein Nebeneinander des effizienten privaten Wirtschaftssektors und der vielfach staatlich subventionierten volkseigenen Betriebe eintrat. Am 26. Januar 1950 diffamierte der SED-Abgeordnete Erich Glückauf den angesehenen Wirtschaftsminister indirekt als „fünfte Kolonne im Rücken der Nationalen Front" und sprach ihm im Namen seiner Fraktion das Misstrauen ab. Daraufhin spielten sich im Landtag tumultartige Szenen ab, weil die SED-Landesleitung zum Protest gegen Witte und den LDPD-Abgeordneten Edmund Geißler zwei Arbeiterdelegationen ins Schloss beordert hatte.

In der Folgezeit inszenierten die Einheitssozialisten landesweit Kundgebungen und Resolutionen aus der „Arbeiterschaft" gegen die „feindlichen Umtriebe der Witte-Clique in

Rostock" (Werftecho, 1.2.1950, S. 1). Wer sich nicht von Witte distanzierte oder mit ihm in engen Kontakt stand – wie z. B. der Landtagsabgeordnete Johannes Knorr, der ehrenamtliche Kreisvorsitzende Walter Neumann und der hauptamtliche Kreissekretär Rolf Greve –, wurde ebenfalls öffentlich angeprangert. Der inzwischen völlig gleichgeschaltete Landesvorstand schloss Witte, der auch dem Hauptvorstand der DDR-CDU angehörte, aus der Partei aus. Ihm wurde absurderweise vorgeworfen, er habe an seiner seit 1931 bestehenden spanischen Konsulartätigkeit auch nach der Machtergreifung Francos festgehalten. Witte war kurze Zeit in Haft, floh dann mit seiner Frau in die Bundesrepublik. Das Rostocker Familienunternehmen wurde Anfang der 1950er Jahre verstaatlicht.

Zeitgleich mit der Absetzung von Witte ging die SED gegen den stellvertretenden Fraktionsvorsitzenden Karl Heinz Kaltenborn vor. Nachdem der promovierte Jurist aus der Landesverwaltung entfernt worden war, hatte er sich als Rechtsanwalt in seiner Heimatstadt Schwerin niedergelassen und zahlreiche Mandanten gegen unrechtmäßiges Verwaltungshandeln verteidigt. Die SED-Landeszeitung attackierte Kaltenborn nun als „bereitwilligen Advokaten der Reaktionäre", weil er den Inhaber der Teigwarenfabrik in Barth vor dem Arbeitsgericht vertrat. Der ehemalige enge Vertraute Wittes kam einem Parteiausschluss zuvor, legte sein Mandat nieder und floh ebenfalls in die Bundesrepublik. In Krefeld nahm Kaltenborn seine Anwaltstätigkeit wieder auf und engagierte sich in der Exil-CDU.

Im Landesblockausschuss zwang die SED am 20. Februar 1950 die bürgerlichen Landesparteivorsitzenden Reinhold Lobedanz und Max Suhrbier (LDPD) zu einer demütigenden Entschließung. CDU und LDPD mussten auf Distanz zu ihren Abgeordneten Siegfried Witte, Karl Heinz Kaltenborn, Paul Reichert (alle CDU), Edmund Geißler und Paul Priesemann (beide LDPD) gehen, die Deutsch-Sowjetische Freundschaft beschwören, von der Neutralitätspolitik in Bezug auf die deutsche Wiedervereinigung abkehren und sich zu den Wirtschaftsplänen bzw. Gesetzen der DDR bekennen. Die Entschließung sollte in mehreren gemeinsamen Funktionärskonferenzen popularisiert werden. Wer sich ihr verweigerte, musste mit dem Parteiausschluss rechnen. Lobedanz selbst – immerhin Landtagsvizepräsident und Präsident der provisorischen Länderkammer der DDR – wurde zum Abfassen einer „Jubelschrift" auf die Blockpolitik verpflichtet.

Während ein Teil der CDU-Landtagsabgeordneten im Zusammenhang mit der Demontage Siegfried Wittes als Wirtschaftsminister mit Resolutionen und gespielter Empörung der Werktätigen aus dem Landtag vertrieben wurden – zu nennen ist neben Karl Heinz Kaltenborn und Paul Reichert Otto Karsten –, versuchte die SED andere unliebsame bürgerliche Politiker zu kriminalisieren und auf diese Weise politisch kaltzustellen. So sollte dem Rostocker Landtagsabgeordneten Johannes Knorr, der hauptamtlich als Gewerkschaftsfunktionär beim FDGB tätig war, die Unterschlagung einer Beitragskassiererin angehängt werden. Obwohl die Vorwürfe haltlos waren, wurde ihm gekündigt. Die gleichgeschaltete Landes-CDU stellte ihn 1950 nicht wieder als Landtagskandidaten auf.

Den CDU-Landrat des Kreises Schönberg Adalbert Schreiber, der auch Landtagsabgeordneter war, traf der Vorwurf, er habe den wegen Verschiebung von zwölf Zentnern Zucker inhaftierten Kaufmann Lüth aus Rehna decken wollen. Um ihre Forderung nach Rücktritt zu unterstreichen, hatte die SED aus den Betrieben des Kreises 2.500 Demonstranten zusammengetrommelt und war vor das Landratsamt gezogen. Der Mob forderte, den Landrat aufzuhängen. Von Haft bedroht, floh Schreiber schließlich im Sommer 1950 in den Westen. Aus dem Kreis Schönberg (1949 umbenannt durch Verlegung der Kreisstadt: Grevesmühlen) – seit den Kommunalwahlen eine CDU-Hochburg – zogen sich zwei weitere Landtagsabgeordnete nach heftigen Attacken ebenfalls aus der Politik zurück: Rechtsanwalt Carl Koch und Landwirt Herbert Freitag. Freitags Ausschluss aus der Fraktion offenbarte, dass einige seiner Landtagskollegen bereit war, den Weg der Anpassung mitzugehen. Einer von ihnen war Joseph Küchler, der Kaltenborn als stellvertretenden Fraktionsvorsitzenden abgelöst hatte und nun den Dringlichkeitsantrag auf Aberkennung des Mandats wegen der „reaktionären, antidemokratischen und parteischädigenden Haltung" Freitags einbrachte.

Stalinistische Repressionswerkzeuge bekamen die CDU-Abgeordneten Walter Kolberg und Margarete Müller zu spüren. Die sowjetische Geheimpolizei ignorierte die parlamentarische Immunität des Abgeordnetenmandates abermals und inhaftierte beide mit acht weiteren CDU-Mitgliedern – darunter Müllers Ehegatte Ernst – am 21. September 1950. Kolberg und Müller wurden Kontakte zu Werner Jöhren angelastet, der mittlerweile das CDU-Ostbüro in West-Berlin leitete. Wegen angeblicher Spionage und illegaler Gruppenbildung wurden sie von einem Sowjetischen Militärtribunal zu 25 Jahren Zwangsarbeit in sibirischen Lagern verurteilt. Während Müller wie ihr Mann im Januar 1954 nach Westberlin zurückkehren konnte, überlebte der Bäckermeister Kolberg die Strapazen der Haft nicht. Er starb am 27. November 1954 in Workuta.

Aus dem Kreis der 1946 gewählten 31 Abgeordneten war bei Ablauf der Wahlperiode nur noch knapp die Hälfte auf dem Posten. Allein 1950 verlor die Fraktion ein Drittel ihrer Abgeordneten: durch Flucht in den Westen, Rücktritt, Tod, Ausschluss, Verhaftung und – im Falle des Abgeordneten Kurt Herzog – durch Übertritt zur NDPD. Damit war der CDU im Lande das oppositionelle Rückgrat gebrochen. In den Landtag rückten vor allem junge karrierebewusste Funktionäre nach, wie der spätere stellvertretende Landesvorsitzende und langjährige Rostocker Bezirksvorsitzende Otto Sadler. Bezeichnend für die Akkommodationsleistungen der verbliebenen CDU-Abgeordneten war die öffentliche „Abbitte" des Fraktionsvorsitzenden Gustav Röseler in der letzten Sitzung des Landtags am 6. Oktober 1950: „Wir müssen vom Standpunkt der CDU und insbesondere unserer Fraktion auch bemängeln, daß es in unseren Reihen Abgeordnete gegeben hat, die ihrer Aufgabe weder willensmäßig noch politisch gewachsen waren". Als Gründe führte er in Manier kommunistischer Selbstkritik die unbedachte Kandidatennominierung 1946 und ein falsches Verständnis der Blockpolitik an.

4. Sinnentleerter Parlamentarismus: Die zweite Wahlperiode 1950 bis 1952

Die Parteisäuberung machte nicht halt bei der Landtagsfraktion, sondern erreichte bald die Kreistage und Kreisverbände. Viele CDU-Mitglieder beriefen sich auf den Parteivorsitzenden Otto Nuschke, der sein Amt an die Abhaltung demokratischer Wahlen geknüpft hatte. Der prokommunistische Generalsekretär Gerald Götting wusste es besser und bereitete den gleichgeschalteten CDU-Landesvorstand Mecklenburg schon im März 1950 darauf vor, dass die Wahlen im Oktober neuartige Wahlen seien, in denen die Parteien nicht in einem Wahlkampf gegeneinander antreten würden. Landessekretär Hansjürgen Rösner – später CDU-Bezirksvorsitzender in Schwerin – brach die Vorbehalte einzelner Kreisvorstände gewaltsam: In Ludwigslust wurde z. B. der gesamte Kreisvorstand um den Landtagsabgeordneten und Kreisvorsitzenden Walter Müller entmachtet. Dazu hatte der Landesvorstand einen Untersuchungsausschuss eingerichtet, der u. a. die Zustimmung der Mitglieder zu einem gemeinsamen Wahlvorschlag überprüfte.

Am 26. März 1950 hatten der erweiterte Landesvorstand und die Landtagsfraktion der CDU gemeinsamen Wahlvorbereitungen und einem gemeinsamen Wahlprogramm aller Parteien zugestimmt. Der kommissarische Kreisvorsitzende in Grevesmühlen Günther Haase – später Bezirksvorsitzender in Frankfurt/Oder – verlas im Landtag einen Wahlaufruf mit der Losung: „Nicht trennender Bruderkampf, sondern gemeinsamer Aufbau!" Alle Weichen waren damit in Richtung eines gemeinsamen Wahlvorschlages aller Parteien gestellt, die das neue Wahlgesetz der DDR zwar nicht zwingend vorschrieb, aber auch nicht ausschloss.

Die Kandidatenaufstellung in der CDU erfolgte nicht mehr auf der Grundlage demokratischer Wahlverfahren, sondern durch Verhandlung mit der Kaderabteilung der SED-Landesleitung.

Mehrfach lehnte die Einheitspartei Kandidaten der Union ab, weil sie diese für politisch unzuverlässig hielt. Am Ende hatte die CDU qualitativ und quantitativ an Einfluss eingebüsst. Nach den so genannten „Volkswahlen" am 15. Oktober 1950 verringerte sich ihre Mandatszahl um 61,3 Prozent (von 31 auf 12). Die Ursache dafür lag im zentral vorgegebenen Verteilungsschlüssel, mit dem die 90 Landtagsmandate auf die anderen Blockparteien und Massenorganisationen verteilt wurden: Obwohl sich die SED mit 18 Mandaten begnügte, hatte sie CDU (12) und LDPD (11) völlig marginalisiert, weil in den Massenorganisationen (38) zumeist SED-Mitglieder dominierten und die Abgeordneten der DBD (6) sowie der NDPD (5) ihr ohnehin treu ergeben waren. Nach einem ähnlichen Schlüssel wurden zuletzt auch die Posten für die Bürgermeister, Kreisräte und Stadträte im Landesblockausschuss aufgeteilt.

Zwischen den CDU-Landtagsabgeordneten der 1. und der 2. Wahlperiode gab es nur eine geringe personelle Kontinuität. Lediglich Reinhold Lobedanz, Joseph Küchler und Gustav Röseler hatten dem gewählten Nachkriegslandtag seit 1946 angehört. Andere Abgeordnete wie Anton Lorenz und Bruno Hartmann waren zum Ende der 1. Wahlperiode aufgrund ihrer „fortschrittlichen Gesinnung" nachgerückt. Die stark dezimierte CDU-Landtagsfraktion hatte sich in der 2. Wahlperiode deutlich verjüngt: Werner Franke, Walter Marthiens, Gudrun Puff und Helmut Rother gehörten der so genannten Aufbaugeneration an, die nach 1919/1920 geboren und nicht mehr im Kaiserreich bzw. in der Weimarer Republik sozialisiert war.

Tab. 4: CDU-Landtagsabgeordnete Mecklenburg 1950 bis 1952

Nr.	Name	Tätigkeit	Ort	Partei vor 1933
1	Werner Franke	Verlagsleiter Demokrat	Schwerin	-
2	Bruno Hartmann	Rektor Oberschule	Waren	-
3	Emma Heinrich	Fürsorgerin Landratsamt	Parchim	LDPD bis 1948
4	Joseph Küchler	Fraktionsgeschäftsführer	Schwerin	SPD/Zentrum
5	Dr. Reinhold Lobedanz	Länderkammerpräsident	Schwerin	DDP
6	Anton Lorenz	Elektromeister/Ingenieur	Wismar	Zentrum
7	Walter Marthiens	Maurer/Jungaktivist	Demmin	-
8	Henriette Mickeleit	Lehrerin	Rostock	-
9	Gudrun Puff	Neulehrerin	Wismar	-
10	Gustav Röseler	Betriebsleiter Ziegelei	Grimmen	FVP
11	Helmut Rother	Stadtrat/Bürgermeister	Brüel	-
12	Hans Wittenburg	Vizepräsident OPD	Schwerin	DDP

Quelle: SCHWIEßELMANN 2010.

Als der Landtag im November 1950 zusammentrat, entsprach er kaum mehr dem verfassungsmäßigen Anspruch als höchstes demokratisches Organ mit dem ausschließlichen Recht zur Gesetzgebung im Lande (Art. 22, Verfassung des Landes Mecklenburg 1947). Die fortschreitende Sowjetisierung der DDR hatte ein parlamentarisches „Gerippe" hinterlassen, in dessen Ausschüssen keine Sachanträge oder Gesetzesinitiativen mehr vorbereitet und beraten wurden. Stattdessen diente das Landtagsplenum als Forum für die außen- und deutschlandpolitischen Offerten des Ostblocks.

In der Landtagssitzung am 9. März 1951 wurde die Umfunktionierung des Landtags zu einer Propagandatribüne offenkundig. Auf der Tagesordnung standen neben der Abberufung des Vizepräsidenten beim Verwaltungsgericht zwei Entschließungen zur Deutschlandpolitik und zur Frühjahrsbestellung. Die CDU-Fraktion war vor allem durch das staatsmännische Gewicht des Länderkammerpräsidenten Reinhold Lobedanz wahrnehmbar. Obwohl dieses hohe Staatsamt faktisch bedeutungslos war, hatte die SED den CDU-Landesvorsitzenden damit für seinen Opportunismus belohnt. In seinem Hauptreferat pries Lobedanz die Friedensinitiativen der Sowjetunion und geißelte den US-amerikanischen „Imperialismus". Mit dem Verfassungsauftrag des Landtags hatte dies nichts mehr zu tun.

Lobedanz, der als Landtagsvizepräsident bestätigt wurde, schlug im Juli 1951 im Namen des Landesblockausschusses Kurt Bürger zum Nachfolger des bisherigen Ministerpräsidenten Wilhelm Höcker vor, der aufgrund seiner sozialdemokratischen Herkunft für den weiteren „Aufbau des Sozialismus" nicht mehr in Frage kam. Im geschäftsführenden Landesvorstand beklagte sich Lobedanz über das undisziplinierte Verhalten der Abgeordneten während der Plenarsitzungen – Ausdruck der Monotonie der parlamentarischen Tätigkeit nach 1950. Der Vorschlag des Landessekretärs Rösner, zur Abhilfe die Abgeordneten in die Vorstandssitzung zu laden und ihnen konkrete Anweisungen zu erteilen, offenbarte das kommunistische Demokratieverständnis vieler jüngerer CDU-Funktionäre. Für Rösner und andere „Einpeitscher" des Sozialismus galt das freie Abgeordnetenmandat nicht mehr; Abgeordnete waren „Befehlsempfänger" und „Vollstrecker" einer vorgegebenen Parteilinie.

Auch nach der Parteisäuberung 1950 sahen sich die Landtagsabgeordneten einem starken Verfolgungsdruck ausgesetzt. Das Beispiel von Joseph Küchler lehrte, dass dabei auch scheinbar „progressives" Auftreten nicht vor dem Zugriff der sowjetischen Geheimpolizei schützte. Küchler gehörte dem Landtag seit 1946 an, war bis 1948 Kreissekretär in Rostock und danach aufgrund seiner Vertrauensstellung zu Siegfried Witte Sonderbeauftragter des Wirtschaftsministeriums. Vermutlich durch die Parteisäuberung 1950 eingeschüchtert, verbarg er sich nach der Absetzung Wittes hinter einer „fortschrittlichen" Fassade und verhielt sich fortan konformistisch. SED und CDU-Führung vertrauten ihm insofern, als sie ihn auf dem Landesparteitag 1950 zum 3. Landesvorsitzenden wählen und ihn für die 2. Wahlperiode des mecklenburgischen Landtags nominieren ließen. Bevor er zum Landrat in

Anklam gewählt werden konnte, verhaftete ihn die sowjetische Geheimpolizei im Dezember 1950 gemeinsam mit der CDU-Journalistin Ursula Wöllert und dem Berliner Studenten Peter Püschel. Küchler wurde zu insgesamt 75 Jahren Zwangsarbeit verurteilt und kam erst 1955 aus den sibirischen Lagern zurück. Nach dem Bau der Berliner Mauer 1961 wurde er ein zweites Mal aus politischen Gründen verhaftet.

Auf Betreiben junger Funktionäre wie Hansjürgen Rösner und Hubert Faensen verlor Gustav Röseler Anfang Juli 1952 sein Amt als Fraktionsvorsitzender. Röseler begrüßte im April 1952 stellvertretend für die CDU-Fraktion zwar brav die Stalin-Note, stieß aber bei den Einheitssozialisten nicht zuletzt aufgrund seines Alters – er war 1880 geboren und Alterspräsident in der 2. Wahlperiode – auf Misstrauen. In einer Kreisversammlung seiner Heimat Grimmen hatte er gegen den Willen der Jungfunktionäre eine Anti-Adenauer-Resolution entschärft, was ihm hinterher als „verkappte Sympathieerklärung" für den westdeutschen Bundeskanzler ausgelegt wurde. Am 3. Juli musste Röseler daher sein Amt niederlegen. Für wenige Tage bis zur Auflösung des Landtages Ende Juli 1952 fungierte Helmut Rother als Vorsitzender der CDU-Landtagsfraktion Mecklenburg.

5. Als Blockpartei am Gängelband: Die CDU in den Bezirkstagen Neubrandenburg, Rostock und Schwerin 1952 bis 1990

Die II. Parteikonferenz der SED im Juli 1952 veränderte das Gesicht der DDR völlig: Der dort propagierte Aufbau des Sozialismus führte zu einer umfassenden Verwaltungsreform, mit der letzte Reste der föderalen Ordnung beseitigt wurden. Die Länder – in Art. 1 der DDR-Verfassung von 1949 als Grundbausteine einer „unteilbaren demokratischen Republik" verankert – wurden in Bezirke gegliedert und damit faktisch aufgelöst. Damit verloren auch die Landtage als Gesetzgebungsorgane der Länder ihre Existenzgrundlage. Im Norden der DDR gingen aus dem Land Mecklenburg die Bezirke Neubrandenburg, Rostock und Schwerin hervor.

Die völlig auf SED-Linie gebrachten bürgerlichen Parteien CDU und LDPD unterwarfen sich auf ihren Parteitagen nunmehr offiziell dem Führungsanspruch der „Partei der Arbeiterklasse" – wie sich die SED selbst definierte. Organisatorisch hatten sie sich der Einheitspartei immer stärker angeglichen, indem sie die Kompetenzen der Landesverbände beschnitten und ein Sekretariat beim Haupt- bzw. Zentralvorstand eingerichtet hatten, das dem ZK der SED entsprach. Wichtige Entscheidungen fielen bei der CDU in den frühen 1950er Jahren in

Absprache mit der SED im Politischen Ausschuss, der nicht zufällig dem Politbüro der Einheitssozialisten ähnelte. Schließlich nahmen Christ- und Liberaldemokraten das Prinzip des Demokratischen Zentralismus in ihre Satzungen auf und richteten stalinistische Untersuchungsausschüsse zur Überprüfung abtrünniger Parteimitglieder ein. Unter stetem Mitgliederverlust wandelten sich CDU und LDPD zu marxistischen Kaderparteien.

Die SED sah ihren politischen Mitbewerbern nunmehr „kleinbürgerliche" Blockparteien, die als „Transmissionsriemen" SED-Politik in christliche Bevölkerungskreise, zu Handwerkern, Selbstständigen und Kleinunternehmern zu transportieren hatten. Christdemokraten und Liberale wurden vor vollendete Tatsachen gestellt und mussten ihre Organisation an die neue Territorialstruktur anpassen. Der Bedarf an verlässlichen Funktionären wuchs, weil sich die Anzahl der Kreise allein im Norden der DDR von 21 auf 35 erhöhte. In jedem Bezirk sollte zudem ein Bezirkssekretariat eingerichtet werden, das sich aus vier hauptamtlichen Parteifunktionären und einem kleinen Mitarbeiterstab zusammensetzte. Dies überforderte die personell ausgezehrte Landesparteiorganisation und stürzte sie in ein zeitweiliges Organisationschaos.

Noch bevor die neuen CDU-Bezirksvorstände im Norden der DDR zusammentraten, konstituierten sich die Bezirkstage Rostock und Schwerin am 29. Juli 1952. In Neubrandenburg trat der Bezirkstag einen Tag später zusammen. Die Bezirkstage waren nur ein matter parlamentarischer Abglanz des ehemaligen Landtags. Sie besaßen keinerlei legislative Funktion, sondern stimmten als „oberstes Organ der Staatsgewalt im Bezirk" lediglich über Beschlussvorlagen des Rates des Bezirkes ab. Die Bezirkstage besaßen ständige Kommissionen z. B. für Haushalt, Volksbildung und kulturelle Massenarbeit; ihre Abgeordneten hatten die „besondere Aufgabe, der Bevölkerung die Gesetze und Maßnahmen der Staatsgewalt" zu erläutern und sollten „Sprechstunden in den Aufklärungslokalen der Nationalen Front des demokratischen Deutschland" (Ordnung über den Aufbau und die Arbeitsweise der staatlichen Organe der Bezirke 1952) abhalten.

In den seit 1957 als örtliche Volksvertretungen bezeichneten Bezirkstagen waren CDU und LDPD von Beginn an unterrepräsentiert. Im Vergleich zur 2. Wahlperiode des mecklenburgischen Landtags verschlechterte sich das Repräsentationsverhältnis der Christ- und Liberaldemokraten nochmals. Beispielsweise stellte die CDU im Norden der DDR 1952 nur noch 6 bis 9 Prozent aller Bezirkstagsabgeordneten und war auch in den Räten des Bezirkes jeweils nur mit einem Ratsmitglied vertreten.

Tab. 5: Sitzverteilung in den Bezirkstagen Neubrandenburg, Rostock und Schwerin 1952

	Neubrandenburg	Rostock	Schwerin
SED	22	23	22
Massenorganisationen	23	24	22
Blockparteien	22	23	22
davon CDU	4	6	6
davon LDP	4	6	4
davon DBD	8	5	7
davon NDPD	6	6	5
Summe	67	70	66

Quelle: SCHWIEßELMANN 2009.

Auch wenn die Bezirkstage keine Parlamentsqualität hatten, herrschten bei der Konstituierung Ende Juli 1952 noch parlamentarische Sitten vor. In Rostock und Schwerin stellten die Christdemokraten mit Gustav Röseler und Reinhold Lobedanz jeweils den Alterspräsidenten. Lobedanz beschwor in seiner Schweriner Eröffnungsrede das „Zeitalter des Sozialismus". Fraktionen existierten in den Bezirkstagen nicht mehr. Für die CDU änderte sich allerdings personell nur wenig. Bei den Abgeordneten der Bezirkstage handelte es sich im Wesentlichen um die bisherigen Landtagsabgeordneten, im Rat des Bezirkes Rostock und Neubrandenburg vertraten die beiden letzten Landesminister Bruno Hirschberg und Heinrich Lechtenberg die Partei. In Schwerin bekleidete die ehemalige Kreisrätin Charlotte Hallscheidt aus Ludwigslust die Funktion als Ratsmitglied.

Tab. 6: Sitzverteilung in den Bezirkstagen im Norden der DDR 1971 bis 1986

	Rostock			Schwerin			Neubrandenburg		
	1971	1981	1986	1971	1976	1986	1971	1981	1986
SED	45	46	50	46	46	46	52	52	52
DBD	18	18	20	24	18	18	22	22	22
CDU	18	18	20	16	18	18	18	18	20
LDPD	18	18	20	16	18	18	18	18	20
NDPD	18	18	20	16	18	18	18	18	20
FDGB	22	21	22	20	21	18	21	21	21
DFD	16	15	16	15	15	13	12	12	12
FDJ	18	19	18	18	19	17	15	15	15
VdgB	-	-	7	-	-	8	-	-	12
KB	7	7	7	9	7	6	4	4	6
Summe	180	200	200	180	180	180	180	180	200

Quelle: SCHOON 2007.

Im Verlaufe der Jahre vergrößerten sich die Bezirkstage in der Personalstärke, wobei die kleinen Blockparteien mit Ausnahme der DBD gleichgestellt waren. Die Bauernpartei verfügte in den Bezirkstagen Schwerin und Neubrandenburg zeitweilig über mehr

Abgeordnete, da diese Bezirke als ausgesprochene Agrarbezirke galten. Indessen blieb die faktische Bedeutung der örtlichen Volksvertretungen gering. Sie bestand in erster Linie darin, die realsozialistische „Diktatur des Proletariats" mit einem demokratischen Dekorum zu bemänteln.

Erst während der friedlichen Revolution im Herbst 1989 erwachte das Reformbedürfnis in den Bezirkstagen. Unter dem Druck der Straße räsonierten die Abgeordneten öffentlich über die geringe Tagungsfrequenz, die mangelnde Autonomie der ständigen Kommissionen, übermäßige Statistik, Bürokratismus, fehlende Lebendigkeit und Debattenkultur. Auf der Informationstagung des Bezirkstages Schwerin am 8. November 1989 schlug der CDU-Bezirksvorsitzende Lothar Moritz eine Reform des Bezirkstages vor, die zur Bildung von Fraktionen und eines Präsidiums führte. Zum Fraktionsvorsitzenden wurde der stellvertretende CDU-Bezirksvorsitzende Heinz Dierenfeld gewählt. Die Union reagierte damit auf die taktischen Bemühungen der SED, die sich mit ihren Mitgliedern in den Massenorganisationen im Vorfeld abstimmte. Moritz: „Unser Bezirkstag muß sich aus der Enge befreien, ohne zu warten, was immer auch und welche Direktiven oder Beschlüsse vom ZK oder der Bezirksleitung der SED kommen."

In Rostock hatte der CDU-Volkskammerabgeordnete Manfred Wahls bereits im September 1989 auf Missstände in der DDR als Ursache der Massenflucht hingedeutet. Im Dezember distanzierte sich die CDU im Bezirkstag vom Begriff der „sozialistischen Demokratie" und unterstützte die Wiedergutmachung des DDR-Unrechts durch eine Arbeitsgemeinschaft „Opfer des Stalinismus". Auch in Neubrandenburg sprach sich der CDU-Bezirkstagsabgeordnete Hans-Jürgen Schwanke für eine Demokratisierung des Bezirkstages aus. Allmählich befreite sich die DDR-CDU aus ihrer „babylonischen Gefangenschaft" in der Blockpolitik; folgerichtig trat sie aus dem Parteienblock und der Nationalen Front aus.

Im Dezember 1989 ließ sich eine Reparlamentarisierung der Bezirkstage im Norden der DDR beobachten. Die ehemaligen Blockparteien bildeten Fraktionen. Die NDPD-Fraktion forderte im Schweriner Bezirkstag die Wiedereinrichtung der Länder. Mecklenburg-Vorpommern sollte mit dem historischen Grenzverlauf von 1952 errichtet und eine Landesregierung mit Sitz im Gebäude der SED-Bezirksleitung Schwerin installiert werden. Diese Forderung von beinahe visionärer Kraft erfüllte sich, als die letzte, frei gewählte Volkskammer der DDR am 22. Juli 1990 die Wiedereinführung der Länder beschloss.

6. Zurück in Zukunft: Die Landtagsfraktion nach 1990

Aus den Landtagswahlen am 14. Oktober 1990 ging die CDU in vier von fünf neuen Bundesländern als stärkste Partei hervor. Auch in Mecklenburg-Vorpommern übernahm die Partei kaum, dass sie sich ihrer Fesseln der Blockpolitik entledigt hatte, Regierungsverantwortung. Als stärkste Fraktion stellte sie von 1990 bis 1998 mit Rainer Prachtl den Landtagspräsidenten, der sich aufgrund seiner Konzilianz über Parteigrenzen hinweg Anerkennung erwarb. 1998 verlor die CDU bei den zeitgleich stattfindenden Bundes- und Landtagswahlen ihre Position als stärkste politische Kraft an die SPD. Bei den nachfolgenden Landtagswahlen haben die Christdemokraten beständig an Stimmen eingebüßt. Dennoch konnten sie sich 2006 wieder an der Regierung beteiligen.

Tab. 7: Zweitstimmenergebnisse der Parteien bei den Landtagswahlen 1990-2006

	1990		1994		1998		2002		2006	
Partei	absolut	Prozent	absolut	Prozent	absolut	Prozent	absolut	Prozent	absolut	Prozent
SPD	239.872	27,0	288.431	29,5	371.885	34,3	394.118	40,6	247.312	30,2
CDU	340.134	38,3	368.206	37,7	327.948	30,2	304.125	31,4	235.350	28,8
PDS	139.612	15,7	221.814	22,7	264.299	24,4	159.065	16,4	137.253	16,8
FDP	48.669	5,5	37.498	3,8	17.062	1,6	45.676	4,7	78.440	9,6
NPD	1.488	0,2	1.429	0,1	11.531	1,1	7.781	0,8	59.845	7,3

Quelle: SCHOON/WERZ 2006.

Die CDU-Fraktion im Landtag hatte 1990 Eckhardt Rehberg zu ihrem Vorsitzenden gewählt. Rehberg gehörte wie der neue Landesvorsitzende Günther Krause zu den jüngeren, unbelasteten Mitgliedern der CDU in der DDR. Er war auf dem Sonderparteitag im Dezember 1989 Mitglied des Parteivorstandes der erneuerten Union geworden und übte das Amt des Fraktionschefs bis 2005 aus.

Die CDU-Landtagsfraktion spielte bei der Wiedererrichtung Mecklenburg-Vorpommerns eine herausgehobene Rolle, sicherte sie doch angesichts des äußerst knappen Wahlergebnisses 1990 die parlamentarische Mehrheit für die Koalitionsregierung aus CDU und FDP. Die Stimmungslage im Lande war nach der politischen „Wende" 1989/1990 ambivalent, sie schwankte nach Einschätzung des ersten Ministerpräsidenten Alfred Gomolka „zwischen Zaudern und Zuversicht". Ähnlich wie 1946 standen die Christdemokraten 1990 nach dem Zusammenbruch eines diktatorischen Regimes vor großen Herausforderungen: Der Landtag als Gesetzgebungsorgan musste sich selbst mit einer Geschäftsgrundlage ausstatten und den Aufbau einer demokratischen Landesverwaltung organisieren. Im Gegensatz zu 1946 konnten die Parlamentarier in den neuen Bundesländern nach der Wiedervereinigung selbstbestimmt, d. h. ohne Einmischung einer Besatzungsmacht über ihre

Angelegenheiten entscheiden. Zunächst legten sie fest, dass Schwerin und nicht Rostock Landeshauptstadt wurde. Wie zwischen 1949 und 1952 üblich tagt das Landesparlament seitdem im Schweriner Schloss. Freilich war man beim Übergang von der sozialistischen Kaderverwaltung zu einer modernen rechtstaatlichen Landesverwaltung auf westdeutsche Verwaltungshilfe angewiesen. Mecklenburg-Vorpommern orientierte sich dabei stark an den norddeutschen Altbundesländern, insbesondere Schleswig-Holstein. Durch Patenschaften, Personalübergang und Institutionentransfer konnte der Verwaltungsaufbau im Wesentlichen in der 1. Legislaturperiode abgeschlossen werden. Wichtige Meilensteine dabei waren die Landkreisneuordnung und die Landesverfassung 1993, die beide 1994 in Kraft traten.

Transformationsprobleme in der Landwirtschaft und der Werftindustrie, aber auch Personquerelen destabilisierten die erste Landesregierung. Sie führten 1992 zum Rücktritt des Ministerpräsidenten Alfred Gomolka. Nachfolger wurde Tierarzt Berndt Seite, der die CDU seit 1994 durch die Klippen der Großen Koalition hindurchmanövrierte. Die Spannungen waren bis hinein in die Landtagsfraktion spürbar. Sie hingen zusammen mit einem Elitenwechsel, der sich auch in den Ministerien vollzog. Nachdem eine Reihe ostdeutscher Politikern an den Spielregeln des westdeutschen Politikbetriebes gescheitert waren, zogen auch westdeutsche Routiniers in das Kabinett ein: Kultusminister Oswald Wutzke wurde von Steffie Schnoor aus Berlin ersetzt, Innenminister Lothar Kupfer durch Rudi Geil aus Rheinland-Pfalz. Im Landesvorsitz löste Angela Merkel ihren Kabinettskollegen Günther Krause nach dessen Rücktritt als Bundesverkehrsminister ab. Die westdeutschen Routiniers in der Regierung Seites und die ostdeutsche Landesvorsitzende sorgten für Stabilität.

Die Ostalgiewelle der 1990er Jahre beförderte die Debatte über die Blockvergangenheit der CDU. Der Landesverband Mecklenburg-Vorpommern suchte die Opfer politischer Verfolgung, die zu DDR-Zeiten wegen Nonkonformismus, offenen Widerstands oder „Republikflucht" ausgeschlossen wurde, zu rehabilitieren. So wurde allen Mitgliedern der mecklenburgischen Landsmannschaft der Exil-CDU die Ehrenmitgliedschaft angetragen. Die CDU-Landtagsfraktion setzte bei der Vergangenheitsbewältigung eigene Impulse. Fraktionsmitglied Georg Diederich, bis 1992 Innenminister, ging in der Schriftenreihe der CDU-Fraktion auf die Fragen nach Schuld, Verstrickung und Widerstand ein. Dies war gerade deshalb brisant, weil 1991 vier Abgeordnete der CDU-Fraktion wegen des Verdachts der Zusammenarbeit mit dem Ministerium für Staatssicherheit zurückgetreten waren.

1996 regte Eckhardt Rehberg in einem Diskussionspapier eine Werte- und Strategiedebatte innerhalb der CDU für das Jahr 2000 an. Der Fraktionschef forderte u. a. eine differenzierte Aufarbeitung der Parteigeschichte, „die vom Widerstand bis zur Anpassung und

Mittäterschaft alle Facetten widerspiegelt". Rehberg würdigte die „Nischen- und Schutzfunktion" der DDR-CDU und verwahrte sich gegen eine „pauschale Verunglimpfung" von Altmitgliedern. Diese habe nach der Wende einen unverkrampften Umgang mit der eigenen Geschichte fast unmöglich gemacht. Im Mai 1995 hatte die Große Koalition im Schweriner Landtag eine Enquete-Kommission mit dem Titel „Leben in der DDR, Leben nach 1989 – Aufarbeitung und Versöhnung" eingesetzt, die auch die Mitverantwortung der Blockparteien thematisierte.

Obwohl der politische Gegner gegen die Blockvergangenheit der Union in regelmäßigen Abständen – zumeist vor Wahlen – polemisiert, verblasst sie zusehends. Dies hat seine biologische Ursache in der natürlichen Fluktuation der Mitgliedschaft. Stammten 1997 noch zwei Drittel aller Mitglieder im Landesverband Mecklenburg-Vorpommern aus der DDR-CDU, so war ihr Anteil 2000 bereits auf ein Drittel herabgesunken. Altmitglieder traten aus, neue Mitglieder ein. Auch im Landtag verringerte sich mit jeder weiteren Wahlperiode die Anzahl der CDU-Abgeordneten, die vor 1990 einer Blockpartei angehörten. Im Zeitraum von 1990 bis 2006 sank ihr Anteil von 70 auf 18 Prozent ab. Hingegen nahm der Anteil derjenigen Abgeordneten auf 82 Prozent zu, die nach 1990 in die CDU eingetreten waren, aus der West-CDU kamen oder sich in der Bürgerrechtsbewegung bzw. im Demokratischen Aufbruch verdient gemacht hatten.

Tab. 8: Abgeordnete der CDU-Landtagsfraktion mit Blockparteivergangenheit 1990-2006

Wahlperiode	Abgeordnete aus Ost-CDU, DBD, vor 1990		Abgeordnete aus West-CDU, DA, nach 1990		Gesamt-anzahl
	Anzahl	Prozent	Anzahl	Prozent	
1990-1994	21	70	9	30	30
1994-1998	19	63	11	37	30
1998-2002	12	50	12	50	24
2002-2006	7	28	18	72	25
2006-2011	4	18	18	82	22

Quelle: LANDTAG MV 1990-2006.

Nach der Jahrtausendwende hat die CDU-Landtagsfraktion neue Problemfelder der Landespolitik wie z. B. die demographische Entwicklung identifiziert. Abwanderung junger Menschen, geburtenschwache Jahrgänge und Änderungen der Bevölkerungsstruktur stellen nicht nur die Einrichtungen der öffentlichen Daseinsvorsorge, Krankenhäuser und Schulen vor neuen Herausforderungen, auch die großen Parteien verlieren an Mitglieder. Sie sehen sich zudem mit Protestverhalten bei Wahlen und extremistischen Parteien konfrontiert. Schrumpfende Bevölkerungszahlen und sinkende Finanzzuweisungen zwingen die

Landesregierung zu drastischen Sparmaßnahmen. Eine umfassende Verwaltungsreform steht auf der politischen Agenda. Nicht zuletzt muss Mecklenburg-Vorpommern im föderalen System Deutschlands eine Antwort auf die Frage nach dem weiteren Verlust staatlicher Souveränität finden, der eine notwendige Folge des europäischen Integrationsprozesses ist.

7. Abkürzungen

CDU	Christlich-Demokratische Union
DA	Demokratischer Aufbruch
DBD	Demokratische Bauernpartei Deutschlands
DDP	Deutsche Demokratische Partei
DDR	Deutsche Demokratische Republik
Der Demokrat	Organ des Landesverbandes der CDU Mecklenburg-(Vorpommern)
Der Freie Bauer	Zentralorgan der VdgB
DFD	Demokratischer Frauenbund Deutschlands
DStP	Deutsche Staatspartei
FDGB	Freier Deutscher Gewerkschaftsbund
FDJ	Freie Deutsche Jugend
FDP	Freie Demokratische Partei
FVP	Freisinnige Volkspartei
KB	Kulturbund
KPD	Kommunistische Partei Deutschlands
Landeszeitung	Organ der Landesleitung der SED Mecklenburg-(Vorpommern)
LDPD	Liberal-Demokratische Partei Deutschlands
MV	Mecklenburg-Vorpommern
NDPD	Nationaldemokratische Partei Deutschlands
NPD	Nationaldemokratische Partei Deutschlands
NSDAP	Nationalsozialistische Deutsche Arbeiterpartei
PDS	Partei des Demokratischen Sozialismus
SPD	Sozialdemokratische Partei Deutschlands
SED	Sozialistische Einheitspartei Deutschlands
VdgB	Vereinigung der gegenseitigen Bauernhilfe
Werftecho	Betriebszeitung der Schiffswerft Neptun in Rostock
Zentrum	Deutsche Zentrumspartei

8. Literatur

CDU-Landtagsfraktion Mecklenburg-Vorpommern (Hg.): 1990-2000. CDU-Landtagsfraktion Mecklenburg-Vorpommern, Schwerin, Oktober 2000

CDU-Landtagsfraktion Mecklenburg-Vorpommern (Hg.): Heimat Mecklenburg-Vorpommern, Schwerin o. J.

Diederich, Georg: Verstrickung, Schuld und Widerstand – DDR-Vergangenheit und deutsche Zukunft, Schriftenreihe der CDU-Fraktion im Landtag Mecklenburg-Vorpommern, Schwerin 1992

Heck, Uwe: Geschichte des Landtags in Mecklenburg, Rostock 1997

Inachin, Kyra T.: Parlamentarierinnen: Landespolitikerinnen in Mecklenburg und Pommern 1918 bis heute, Kückenshagen 2005

Landtag Mecklenburg (Hg.): Handbuch für den Mecklenburgischen Landtag, Schwerin 1947

Landtag Mecklenburg-Vorpommern (Hg.): Handbücher der 1. bis 6. Wahlperiode, Rheinbreitbach/Schwerin 1990-2006

Schoon, Steffen/Werz, Nikolaus (Hg.): Die Landtagswahl in Mecklenburg-Vorpommern 2006. Die Parteien im Wahlkampf und ihre Wähler, Rostocker Informationen zu Politik und Verwaltung, Heft 27, Rostock 2006

Schoon, Steffen: Wählerverhalten und politische Traditionen in Mecklenburg und Vorpommern (1871-2002). Eine Untersuchung zur Stabilität und strukturellen Verankerung des Parteiensystems zwischen Elbe und Oder, Beiträge zur Geschichte des Parlamentarismus und der politischen Parteien, Bd. 151, Düsseldorf 2007

Schwabe, Klaus: Landtagswahl in Mecklenburg-Vorpommern 1946. Begleitheft zur Ausstellung im Landtag Mecklenburg-Vorpommern vom 28. August bis 20. Oktober 1996, Schwerin 1996

Schwießelmann, Christian: Die CDU in Mecklenburg und Vorpommern 1945 bis 1952: Von der Gründung bis zur Auflösung des Landesverbandes. Eine parteiengeschichtliche Darstellung, Forschungen und Quellen zur Zeitgeschichte, Bd. 58, Düsseldorf 2010

Schwießelmann, Christian: Die CDU im Norden der DDR 1952 bis 1961. Ein Blick hinter die Kulissen einer Blockpartei in den Bezirken Neubrandenburg, Rostock und Schwerin, in: Zeitgeschichte regional 1/2009, S. 37-57

Schwießelmann, Christian: Die politische „Wende" 1989/90 und die Christdemokraten im Norden der DDR, in: Zeitgeschichte regional 2/2008, S. 89-104

Schwießelmann, Christian: Norddeutsch, protestantisch, liberal – Gründerpersönlichkeiten der CDU in Mecklenburg-Vorpommern, in: Historisch-Politische Mitteilungen 13/2006, S. 25-46

Werz, Nikolaus/Hennecke, Hans Jörg (Hg.): Parteien und Politik in Mecklenburg-Vorpommern, München 2000